VERS DV BALLET ROYAL

DANSÉ PAR LEVRS MAIESTEZ
entre les Actes de la grande Tragedie de
L'HERCVLE AMOVREVX.

Auec la Traduction du Prologue, & des Argumens de chaque Acte.

A PARIS,
Par ROBERT BALLARD, seul Imprimeur du Roy,
pour la Musique.

M. DC. LXII.
Auec Priuilege de sa Maiesté.

PROLOGVE.

Es premiers Empereurs furent de Rome, & de l'Italie; Il y en eust apres qui tirerent leur Origine de la Grece, & de l'Asie, quoy que quelques-vns d'eux eussent pris naissance en Italie; Et ceux-là par l'Election de Nerua établirent l'vsage de les choisir dans leur Nation. En suite dequoy M. Vulpius Trajanus enuoya regner dans les Prouinces & Royaumes de l'obeissance des Romains toutes les grandes Familles de la Grece & de l'Asie, desquelles (comme d'autant de testes couronnées) Claudian dit, en parlant du quatriesme Consulat de l'Empereur Honorius,

Nec nuper cognita Marti,
V V L P I A *progenies & quæ diademata Mundo*
Sparsit. &c.

De l'vne de ces Familles est sortie la Royale Maison de France, qui dans le cours de la Monarchie Romaine s'est trouuée vnie de parenté & d'aliance auec plusieurs & diuerses Familles Imperiales, & a-elle mesme esté plus d'vne fois adoptée à l'Empire, ce qui a fait dire qu'elle estoit née dans la Pourpre, & qu'elle auoit eu le Berceau des Cesars, ayant jouy de leurs honneurs & de leurs prérogatiues: d'ou vient que les plus anciens Roys de France s'appelloient Roys d'origine, & prenoient ces grands Noms de Palladiens, Mineruiens, & Basiliens, qui sentoient l'Empire & la gloire de l'adoption. De ce mesme rang furent ces Familles. La Giulia, l'Ottauia, la Coccia de Nerua, la Vulpia de Trajanus, la Flauia de Vespasianus, la Quintilia, la Vitellia, l'Aurelia, la Costanza, l'Amala, la Claudia, la Domitia, l'Annia, ou Ceionia, la Settimia de Lucius Septimius Seuerus, la Vipsannia, la Gordiana, la Calfurnia, &c. dont les sept dernieres ont porté & soumis à celle de France des Nations & des Estats qui estoient sous leur puissance: Et comme elles ont contracté entr'elles diuerses alliances, il semble que quelques-vnes sont sorties de la mesme Tige, ce qui se prouue par les authoritez, les statuës, les vieilles inscriptions, les Medailles, les Monnoyes d'or de France confrontées aux mysterieux ornemens qui se voyent encore dans les anciennes Eglises, & autres vieux edifices de Paris & du Royaume, qui ont esté bastis sous la conduite des plus sçauans Hommes de leur Siecle. Ce que l'on verra plus amplement dans cette Royale Genealogie, composée par le Sieur Camillo Lilij. De toutes ces Illustres Familles, voicy celles qui non sans raison ont esté choisies pour representer l'Origine de la Maison de France.

La Giulia.	La Trajana.
La Claudia.	La Gordiana.
La Domitia.	La Calfurnia.
La Vipsannia.	L'Amala.
La Costanza ou Flauia.	La Marina, ou di Castino Marino.
La Ceionia ou Cesonia.	
L'Aurelia.	La Quintilia.
La Valeria.	L'Austriaca.

Les idées de ces Familles Imperiales accompagnent la Maison de France, & brillent toutes ensemble dans le fonds du premier Ciel, auec l'Amour & l'Hymenée qui les ont vnies. Le Theatre represente des Rochers aux deux costez, & dans le fonds vne Mer en esloignement: Diane apres les loüanges deuës à tant de pompe, & à tant de Majesté, les conuie à descendre là, pour y faire honneur aux Nopces Royales, en s'humiliant deuant la Reine Mere, & rendant à sa personne ce qu'on doit à la source, & au principe du Couple Auguste. De là elle ordonne qu'Hercule Amoureux paroisse sur la Scéne, comme la Figure du Grand Monarque, pour y estre marié à la BEAVTÉ, en suite de ses Trauaux & de ses Triomphes. Cette diuine Troupe ayant dansé s'en retourne dans la mesme Machine, cependant que quatorze Fleuues qui arrousent les Estats, lesquels ont esté ou sont encore sous la domination de la France, applaudissent aux loüanges, à la Paix, & au Mariage, & finissent le Prologue auec l'admiration des Felicitez de ce Grand Estat, arriuées à leur comble par la Naissance de Monseigneur le Dauphin.

B

PREMIERE ENTRE'E.

LE ROY representant la Maison de France.
La Valeur, inseparable de la Maison de France,
representée par le Comte de S. Aignan,
qui suit sa Majesté, & luy dit:

Des Royales Vertus Grande & noble Demeure,
Ie me suis atachée à vous de si bonne heure,
Que dans vos glorieux & penibles explois
I'ay suiuy pas à pas vos jeunes Destinées,
Et c'est pour ce sujet qu'on a dit tant de fois,
La Valeur n'attend pas le nombre des années.

II. ENTRE'E.

LE ROY, la Maison de France.
LA REINE, la Maison d'Austriche.
MONSIEUR, l'Hymen. Monsieur le Duc, l'Amour.
Mademoiselle.
Mesdemoiselles d'Alençon, & de Valois.
Les Comtesses de Soissons, & d'Armagnac.
Mesdemoiselles de Nemours, & d'Aumale.
Les Duchesses de Luines, de Sully, & de Crequy.
La Comtesse de Guiche,
Mesdemoiselles de Rohan, de Mortemar,
& Des-Autels, toutes representant
des Familles Imperiales.

POVR LEVRS MAIESTEZ,
representant les Maisons de France,
& d'Austriche.

Deux puissantes Maisons pour qui tout se partage,
Les armes à la main s'entre-poussoient à bout,
Mais l'Amour, & l'Hymen ont pacifié tout,
Et de ces deux Maisons ne font plus qu'vn Mesnage.

Leur Eloge se mesle, & l'on prise à tel point
L'Auguste Majesté du nœu qui les assemble,
Qu'on ne sçauroit faillir de les loüer ensemble
Pour ne pas separer ce que le Ciel a joint.

 Maisons, que l'Vniuers a toûjours adorées,
En suite d'vn lien si charmant & si doux,
Que d'Heureuses Grandeurs vont sortir de chez vous,
Et respondre aux Grandeurs qui chez vous sont entrées.

 Des-ja ce beau Dauphin nous est en arriuant
Le presage asseuré d'vne longue bonace,
Des-ja quoy que de loin, sa Naissance menace
D'vn furieux débris les costes du Leüant.

 Il faut que l'Art s'esleue au dessus de ses Regles,
Pour dire de vous deux les charmes acomplis,
L'vne a plus de blancheur que n'en ont tous vos Lys,
L'autre a plus de fierté que n'en ont tous vos Aigles.

     ❦

Pour MONSIEVR, representant l'Hymen.

  S Ans faire ainsi contester
   La Fable auecque l'Histoire,
Dire qu'Hymen est blond, cela ne se peut croire,
Il est fait comme vn Ange, on n'en sçauroit douter,
Mais c'est comme vn bel Ange à cheuelure noire:
Ce doux Charmeur par qui tout le monde est lié,
Luy-mesme à son profit ne s'est pas oublié.
  Les Dieux font ce que nous sommes
   Interessez, amoureux,
  Et de mesme que les Hommes
  Gardent le meilleur pour eux.

Pour Monsieur le Duc, *representant l'Amour.*

SOrty du plus pur Sang des Dieux,
Vous faites paroistre en tous lieux
L'authorité que vous y donne
Vostre rang & vostre Personne;
Qui vous refuseroit ses vœux?
Vous auez des dards & des feux;
Mais pour gagner vne Maistresse,
Et dans son cœur vous faire jour,
Vous auez la grande jeunesse,
C'est vn des beaux traits de l'Amour.

Pour Mademoiselle, *Famille Imperiale.*

VN seul de ces diuins regars
A plus de Majesté que les douze Cesars,
Elle a beaucoup de l'air d'vne fiere Amazone
Qui marche droit au premier Throsne.

C'est l'objet des plus nobles vœux,
Si l'Hymen & l'Amour en estoient crûs tous deux,
On n'attendroit pas moins de cette Auguste Fille
Qu'vne Imperiale Famille.

Mademoiselle d'Alençon, *Famille Imperiale.*

QVelle gloire pour vne Fille,
Pour la Fortune, quels efforts,
Si j'entre dans vne Famille
Esgale à celle dont je sors.

Pour Mademoiselle de Valois, *Famille Imperiale.*

VOus esgalez les plus belles Personnes,
Vous estes née entre mille Couronnes
Dont l'esclat veut que vous le portiez haut,
Et seulement qu'il plaise à la Fortune
Que vous puissiez en auoir encor, vne;
Vous en aurez autant qu'il vous en faut.

Pour la Comtesse de Soissons, *Famille Imperiale.*

Ces aymables vainqueurs, vos yeux, ces fiers Romains,
Semblent n'en vouloir pas aux vulgaires Humains,
Mais des plus esleuez permettre la souffrance,
Et ces grands cheueux noirs alors qu'ils sont épars,
Ont vn air de triomphe, & toute l'apparence
De sçauoir comme il faut enchaisner les Cesars.

Pour la Comtesse d'Armagnac, *Famille Imperiale.*

SI l'Amour qui peut tout sans qu'on y trouue à mordre,
De Femmes d'Empereurs vouloit fonder vn Ordre,
Qu'il falut de beaux yeux, vn tein vermeil & blanc,
Vne bouche adorable entre les plus parfaites,
Qui vous empescheroit de pretendre à ce rang?
N'auez vous pas des-ja toutes vos preuues faites?

L'on vous regarde icy joüer vn Personnage,
Où vous eussiez naguere excellé dauantage,
Et vous estes moins propre à de pareils emplois
Ayant si-tost repris vostre embonpoint de fille,
Vous estiez d'vne Taille au bout de vos neuf mois
A bien representer le corps d'vne Famille.

Pour Mademoiselle de Nemours, *Famille Imperiale.*

CE grand air, cette haute mine,
Prouue quelle est vostre Origine:
Mais cette douceur qu'ont vos yeux
Est toute charmante, & respire
Je ne sçay quoy qui vaut bien mieux
Que la Majesté de l'Empire.

Pour Mademoiselle d'Aumale sa sœur, *Famille Imperiale.*

Vos yeux à qui des-ja tant de cœurs appartiennent
N'ont rien des Empereurs ces Tyrans anciens,
Sinon qu'à leur exemple on connoist qu'ils deuiennent
    Grands Persecuteurs de Chrestiens.

Pour la Duchesse de Luynes, *Famille Imperiale.*

Les Miracles sont possibles
A cette rare Beauté,
Dans ces yeux doux & terribles
On voit en societé
Deux choses peu compatibles
L'Amour & la Majesté.

Pour la Duchesse de Sully, *Famille Imperiale.*

Les riches ornemens les superbes Couronnes
Ajoustent peu de chose à certaines Personnes,
Et ne pouriez vous pas fort bien regner sans eux?
Vous auez vne Taille, & vous auez des Yeux.

Pour la Duchesse de Crequy, *Famille Imperiale.*

Vous abandonnez donc la Seine pour le Tibre?
Rome va s'enrichir au despens de Paris?
Elle y perdra pourtant ce qu'elle auoit de libre,
Et se prendra sans doute où le reste s'est pris:
On ne peut s'échaper de cet aymable piege,
Et vous allez remettre auec vostre Beauté
L'Empire dans son premier Siege,
Mais bien plus florissant qu'il n'a jamais esté.

Pour la Comtesse de Guiche, *Famille Imperiale.*

Quoy que vostre interest ne soit pas mon affaire,
Laissez-moy vous en dire icy mon sentiment,
Vous estes belle & jeune, aymable infiniment,
Mais vous ne faites pas ce que vous deuez faire.

Representer ainsi la Famille d'vne autre
Qu'a cette fonction d'agreable pour vous ?
Et ne vous en desplaise ainsi qu'à vostre Espoux,
Seroit-ce pas mieux fait de commencer la vostre ?

Pour Mademoiselle de Rohan, *Famille Imperiale.*

CEtte Belle à qui rien ne se doit comparer
En sa jeune Personne a des graces diuines,
Qui peut y paruenir n'a rien à desirer,
Quelquefois sur le Throsne on est sur des épines,
Qui sera dans son cœur sera plus doucement,
Et ne laissera pas d'estre aussi noblement.

Pour Mademoiselle de Mortemar,
Famille Imperiale.

Dieux ! à quel comble est-elle paruenuë !
Jamais Beauté n'eut des progrez si promts,
Comme elle y va ; si cela continuë
Ie ne sçay pas ce que nous deuiendrons;
L'aymable Fille !
A tous les cœurs elle donne la Loy,
Et pour auoir vne belle Famille,
Voila dequoy.

Pour Mademoiselle Des-Autels,
Famille Imperiale.

DE cette jeune Troupe en Beauté singuliere
On n'a pris que vous seule, & ce chois est bien doux;
Ce n'est pas sans raison qu'on peut dire de vous,
Que vous representez vne Famille entiere.

ARGVMENT
DV PREMIER ACTE.

Es deux coſtez du Theatre ſont des bocages, & l'enfoncement de la Perſpectiue eſt vn grand Païſage en éloignement qui touche au Palais Royal d'Eocalie, ou Hercule paſſionnément épris des beautez d'Yole, ſe plaint de ſa rigueur, & de l'injuſtice de l'Amour. Venus deſcend accompagnée des Graces, excuſe ſon Fils, & promet à Hercule de luy rendre le cœur d'Yole fauorable : Pour cet effet elle ordonne à ce Demy-dieu de ſe rendre dans le Iardin de Fleurs, où elle ſera deuant que le Soleil ſe couche, & de faire en ſorte qu'Yole s'y trouue. Iunon leur commune ennemie, cachée dans vn nuage pour les écouter, ſe diſpoſe à rompre l'effet de leur entrepriſe, & court toute furieuſe vers la Grotte du Sommeil, faiſant ſortir de ce meſme nuage des Foudres & des Tempeſtes, qui forment la troiſieſme Entrée du Ballet, & terminent le premier Acte.

III. ENTRÉE.

Des Foudres & Tempeſtes.

Les Sieurs Beauchamp, D'heureux, Raynal, & Desbroſſes. *Foudres.*
Les Sieurs Des-Airs, de Lorge, le Chantre, & de Gan. *Tempeſtes.*

Pour les Foudres.

L'Impetuoſité de la chaude vapeur
Nous tranſit & nous charme, on l'admire, on en tremble,
Et nous doutons encor qu'on puiſſe tout enſemble
Donner tant de plaiſir, & faire tant de peur.

ARGV-

ARGVMENT
DV SECOND ACTE.

La Scene change en vne grande cour du Palais d'Eocalie, ou Illus & Yole s'entretenans de la passion qu'ils ont l'vn pour l'autre, sont interrompus par l'arriuée d'vn Page qu'Hercule enuoye à Yole, pour la prier de se trouuer au Iardin de Fleurs, ce qui cause vne grande jalousie au pauure Illus; mais il est vn peu r'assuré par sa Maistresse, qui est toutefois contrainte d'accepter l'offre d'Hercule, & presse Illus son fils de vouloir estre de la partie: Ils partent ensemble pour y aller, & le Page resté seul s'estonne en luy-mesme, & ne peut comprendre ce que c'est que cet Amour, qui fait tant de bruit dans les Cours, où il est chanté si souuent. Là dessus arriue Dejanire femme d'Hercule, suiuie de Lycas qui s'entretient auec le Page, & ayant tiré de sa bouche par adresse vne plus particuliere cognoissance des amours de son Maistre, confirme d'autant plus Dejanire dans la jalousie qui l'a fait venir en ce pays, & elle se plaint hautement de l'infidelité de son Espoux; Lycas luy dit assez plaisamment son opinion sur cette matiere, elle luy demande conseil, & enfin ils resoluent entr'eux de se tenir encore cachez sous les mesmes habits de paysans qu'ils auoient pris pour n'estre point cognus, & d'attendre le temps de se découurir bien à propos. La Scene estant changée en la Grotte du Sommeil, où par l'ordre de Pasithée sa femme il se fait vn petit Concert de Zephirs & de Ruisseaux, pour entretenir son assoupissement, Iunon paroist qui la prie de trouuer bon qu'elle emmene le Sommeil pour vn peu de temps, & qu'il ne court point fortune en cette occasion de desplaire à Iupiter: Ce qui luy estant accordé elle l'emporte dans son Char. Les Songes estendus &

gisans dans la Grotte, se releuent & font la quatriesme Entrée du Ballet, & la fin du second Acte.

IV. ENTRÉE

Des Songes.

Le Cheualier de Fourbin. Les Sieurs D'heureux, Don, Beauchamp, Villedieu, Desbrosses, le Chantre de Lorge, du Pron, de Gan, Mercier, & la Pierre, Songes.

Pour les Songes.

Belles illusions, agreables mensonges,
Combien de vrais plaisirs nous causez-vous icy?
L'on dit qu'il ne faut pas s'arrester à des Songes,
Le moyen de ne pas s'arrester à ceux-cy?

ARGVMENT
DV III. ACTE.

LE Theatre n'est plus qu'vn Iardin de Fleurs, Venus descenduë du Ciel dans son Char y trouue Hercule, & par le moyen de la baguette qu'elle a prise à Circé, elle fait sortir de terre vn siege d'herbes & de fleurs enchantées, & se retire. Yole paroist, Hercule la conuie de s'asseoir sur ce siege, elle obeit, & n'y est pas si-tost qu'elle est contrainte, non sans estonnement, de luy auoüer qu'elle a pour luy beaucoup d'inclination: Illus frappé de ce discours ne peut retenir sa douleur, ce qui confirme dans le Pere le soupçon que le Page luy auoit des-ja donné, que son propre Fils estoit son Riual. Hercule le chasse, & demeure seul auec Yole, qui forcée par l'enchantement luy declare que non seulement elle l'ayme, mais qu'elle est toute preste à l'espou fer, pourueu qu'elle en ait la permiſſion de l'Ombre de ſon pere Eutyre, qu'elle veut appaiſer par ſes prieres. Iunon paroiſt en l'air auecque le Sommeil, qui par ſes ordres ayant endormy Hercule, donne lieu à la Déeſſe d'auertir Yole de la tromperie, & apres luy auoir oſté cette impreſſion magique par l'odeur de quelques herbes, elle luy iette vn poignard, & l'exhorte à vanger la mort de ſon pere ſur la vie d'Hercule endormy. Yole r'entrée en elle-meſme, & reuenuë à ſes premiers ſentimens prend l'occaſion, & comme elle eſt ſur le point de tuër Hercule, elle en eſt empeſchée par ſon cher Illus qui luy retient le bras, & que Iunon auoit fait cacher pour eſtre teſmoin de ce qui ſe paſſeroit entre Yole & ſon Pere, lequel eſtant ſoudain reſueillé par le ſoin de Mercure, que Venus auoit employé à cela, & voyant encore dans la main de ſon Fils le poignard qu'il auoit oſté à Yole, và s'imaginer qu'il n'eſt en cette poſture que pour l'aſſaſſiner; & tout furieux il conclut ſa mort, ſans eſcouter les juſtifications d'Illus, ny les proteſtations d'Yole, encore moins les larmes de ſa femme ſuruenuë aſſez mal à propos pour rendre plus viſible le meſpris qu'il faiſoit d'elle. Yole voyant la vie de ſon Amant en danger, croit ne pouuoir prendre vn meilleur party que de promettre à Hercule de l'aymer, pourueu qu'il pardonne à ſon Fils; cette eſperance le retient, cependant il veut que Dejanire s'en retourne & en attendant vn plus grand eſclairciſſement il commande à ſon Fils de s'aller mettre luy-meſme dans vne Tour qui eſt ſur la Mer. En ſuite de ces cruels ordres, il ſort auec Yole & laiſſe la Mere & le Fils qui déplorent leur mauuaiſe Fortune, & ſe plaignent de leur douloureuſe ſeparation. Le Page & Lycas ſe diſent adieu, & l'vn aprend à l'autre vne Chanſon contre l'Amour qui eſt cauſe de tant de deſordres. Les Eſprits qui ſe trouuoient vn peu reſſerrez dans le ſiege enchanté, teſmoignent la joye qu'ils ont de ſe voir libres, & entrans dans les Statuës du Iardin, les animent & font la cinquieſme Entrée du Ballet, & la concluſion du troiſieſme Acte.

Vᵉ ENTRÉE.

Des Statuës.

Le Marquis de Raſſan. Monſieur Coquet. Meſſieurs Bruneau, Langlois, Tartas, & Lambert.
Les Sieurs L'Amy, les deux Des-Airs, Iolly, le Noble, Noblet, Prouaire, Des-Rideaux, Des-Airs le petit, & le Grais. *Statuës.*

Pour les Statuës.

Les choſes de ce monde eſtant bien debatuës,
Cecy teſmoigne aſſez, que chacune a ſon tems,
Les Gens ſont quelquefois ainſi que des Statuës,
Les Statuës par fois ſont ainſi que des Gens.

ARGVMENT
DV IV. ACTE.

La Scene eſt changée en vne Mer, au bord de laquelle on void quantité de Tours ſur des écueils & ſur des Rochers, & dans l'vne ſe trouue Illus priſonnier, qui ſe plaint de ſa jalouſie. Le Page arriue dans vne Barque, & luy preſente vne Lettre de la part d'Yole, par laquelle elle s'excuſe enuers luy de la dure neceſſité qui la force d'eſpouſer le Pere, pour ſauuer la vie au Fils : Illus, bien plus malheureux par ce remede qu'il ne l'eſtoit par ſon propre mal, preſſe le Page de s'en retourner en diligence, & de luy dire qu'elle n'eſpouſe point Hercule, & qu'il ne luy peut arriuer rien de pis que ce Mariage. Vne Tempeſte s'eſleue, abyſme le Page, & la Barque, ce qui eſt cauſe qu'Illus ſe precipite de deſeſpoir. Iunon paroiſt ſur vn Throſne, & prie Neptune de le ſauuer, en quoy la Deeſſe eſtant

obeye

obeye à point nommé elle reuoit ce jeune Homme à ses pieds, le console par l'esperance d'vne meilleure destinée, & l'ayant laissé sur le riuage s'en retourne au Ciel, & commande aux Zephirs de celebrer la victoire qu'elle vient de remporter sur la Deesse Venus, ce qu'ils font par vne Danse dans la mesme Machine.

VI. ENTRÉE
Des Zephirs.

Le Comte de Marsan.   Le Baron de Gentilly.
Messieurs Hesselin fils, Sanguin fils, d'Aligre fils.
Et le Sieur Letan. *Zephirs.*

Le Comte de Marsan, *Zephyr.*

IL me déplaist assez de n'estre qu'vn Zephir,
Et de ne pouuoir pas encore à mon plaisir
Déraciner vn Arbre, & le coucher par terre,
Abatre de mon souffle & tours & pauillons,
Renuerser comme épis les plus gros bataillons,
Helas! moy qui me sens si propre pour la guerre
La feray-je long-temps encore aux Papillons?

Pour le Baron de Gentilly. *Zephyr.*

L'On me verra bien-tost pousser de vrais soûpirs,
Et n'estre plus du rang de ces petits Zephyrs
  Dont la pluspart ne font encore
  Que badiner auecque Flore.

Pour Monsieur Hesselin fils, *Zephyr.*

DEs-ja mon petit murmure
Fait trembler plus d'vne fleur,
J'espere si le temps dure
Estre en assez bonne odeur.

Pour Monsieur Sanguin fils, Zephyr.

VN Zephyr est mal propre aux nauigations,
Mais quel vent je seray si je tiens de mes Peres
Qui de la grande Mer des conuersations
Sont les vniques vents incessament contraires,
Ils vont par vn chemin des autres different,
Et ne se laissent pas emporter au torrent.

LA Scene change en vn bois de Cypres plain de Sepulchres de Rois, où Dejanire desesperée vient pour s'enterrer toute viue : Mais en estant empeschée par Lycas, elle y void aussi entrer Yole enuironnée d'vne Troupe de Sacrificateurs & de Demoiselles, qui l'assistent pour le Sacrifice qu'elle veut faire deuant le Tombeau de son pere Eutyre, afin d'obliger ses Manes à luy permettre d'espouser Hercule. L'Ombre sort des ruines du Tombeau, & luy fait de sanglans reproches de ce qu'elle veut estre la femme de son Meurtrier. Dejanire qui entend parler de son Mary & de son Fils, se mesle dans la conuersation, & leur aprenant comme Illus vient d'estre noyé, l'Ombre en tire vne nouuelle raison pour dissuader ce Mariage à sa fille, qui ne le faisoit que pour luy sauuer la vie, & puis retombe aux Enfers en murmurant, & apres auoir menacé Hercule de se joindre pour sa perte à tous ceux qu'il auoit massacrez. Yole ne voulant pas moins mourir que Dejanire, toutes deux ne reçoiuent de consolation que par l'esperance que Lycas leur donne de deliurer Hercule de sa passion par le moyen de la chemise du Centaure Nessus. Elles se retirent auec luy, & il ne demeure que les Demoiselles qui dans l'espouuante que leur causent quatre Fantosmes qui leur apparoissent, composent la septiesme Entrée du Ballet, & ferment le quatriesme Acte.

VII. ENTRÉE.

Des Fantofmes & Demoifelles.

Meſſieurs du Mouſtier, la Marre, Mahieu, Grenerin, Chicaneau, Deſonets, du Feu, Manſeau, Bureau, Des-Airs le petit, Cordeſſe, & Arnal. *Fantofmes & Demoiſelles.*

Pour les Fantofmes & Demoiſelles.

Mettez-moy d'vn coſté quatre Spectres d'Enfer,
De l'autre nombre égal d'antiques Demoiſelles
De celles que l'on croit faites par Lucifer
Pour la damnation des Ieunes & des Belles;
Ioignez bien ce Troupeau dont je vous fais le plan,
Ie le donne au plus fin qui ſoit dans le Royaume,
De pouvoir démeſler en l'eſpace d'vn an
Quelle eſt la Demoiſelle, ou quel eſt le Fantoſme.

ARGVMENT DV V. ACTE.

'Enfer paroiſt, & l'on y void l'Ombre du grand Eutyre auec celles des autres Rois & Princes tombez ſous les armes d'Hercule, qui conſpirent toutes enſemble, comme autant de Furies à le faire mourir de rage & de douleur. Pluton ſur le point de ſe voir vangé d'Hercule, qui a porté ſes conqueſtes juſques aux Enfers, en teſmoigne ſa joye par vne danſe qu'il fait auec Proſerpine.

VIII. ENTRÉE.

Pluton & Proserpine, auec douze Furies.

LE ROY, representant Pluton.

Raynal, representant Proserpine.

Pour LE ROY, representant Pluton.

Qv'à son gré le Soleil regne sur l'Hemisphere,
Vous ne l'enuiez point, & la grande Clarté,
Quoy que l'on ne soit pas resolu de mal faire
Ne laisse pas d'auoir son incommodité :
Chacun dans ces bas lieux sent son mal qu'il expose
Seulement aux regars de celle qui le cause,
On soûpire en secret dans vos sombres Estas,
Et la flame qui brusle au moins n'éclaire pas.

Les Demons vos sujets endurent mille peines,
Car outre l'Interest, outre l'Ambition,
Amour leur fait sentir ses rigueurs inhumaines,
C'est vne imperieuse, & forte passion,
Tous en sont agitez d'vne terrible sorte :
De s'enquerir comment le Monarque se porte
Parmy de si grands maux, & si contagieux,
La curiosité n'en apartient qu'aux Dieux.

LA Scene change encore, & represente vn Portique des deux costez, & en perspectiue le Temple de Iunon Pronube. Là Hercule vient pour espouser Yole, de la main de laquelle il reçoit la fatale Chemise du Centaure, & l'ayant vestuë comme vne Robe de Nopce, il entre aussitost dans vne telle fureur qu'il sort pour s'aller jetter dans le feu du sacrifice ; Mais Iupiter l'ayant transporté dans le Ciel,
& luy

& luy ayant fait espouser la BEAYTE', si Iunon descend, & par cette nouuelle donne vne grande joye aux deux jeunes Amans qu'elle marie sur le champ. En mesme temps toutes les Spheres, & leurs diuerses Influances jointes à vn Chœur d'Estoilles, font vne danse qui n'est pas moins à la gloire du Mariage de leurs Majestez, que de celuy d'Hercule, qui n'est que la figure de l'autre, & toutes ensemble composent dix Entrées d'vn Ballet par où finit cette Tragedie.

Planettes & Influances.

Mars.	Capitaines.
La Lune.	Pelerins.
Mercure.	Charlatans.
Iupiter.	Monarques.
Venus.	Plaisirs.
Saturne.	Enchantemens.
Soleil.	Les 24. Heures.
	Estoilles.

IX. ENTRE'E.

Mars, suiuy d'Alexandre, Iules Cesar, Marc Antoine, Pompée, & autres grands Capitaines de l'antiquité.

LE ROY, representant *Mars.*

Monsieur le Prince, *representant Alexandre.*
Monsieur le Comte de S. Aignan, *representant Cesar.*
Le Marquis de Rassan, *representant Marc Anthoine.*

Monsieur Bontemps, ou M. S. Pré. Messieurs Verpré, Langlois, & Bruneau Les Sieurs Des Airs, Raynal, & le Noble, *Capitaines.*

Monsieur Coquet. Messieurs Beauchamp, D'heureux, & Desbrosses, *Enseignes.*

Pour LE ROY, représentant le Dieu Mars.

Donc la guerre estant finie,
Loin d'estre les bras croisez
A des Trauaux oposez,
Mars, aplique son genie;
Donc il met les armes bas,
Et ne se repose pas
Quand ses mains de sang sont nettes,
Mais dans vn calme si doux
Assis entre les Planettes
Il regne & veille sur nous.

Le Bon-heur en abondance
Par luy nous sera versé
De son Ciel où l'a placé
L'Eternelle Prouidence :
C'est là qu'il sçait présider,
Et qu'on luy voit décider
Des fortunes de la Terre,
Nul n'est paruenu si haut ;
Il est le Dieu de la Guerre,
Et gouuerne comme il faut.

Venus aymable & charmante
Le domte sans l'affoiblir,
L'occupe sans le remplir
Soit presente, soit absente :
Plutost émeu que troublé
Son cœur n'est point acablé
Sous vne indigne victoire,
Et mettant ses fers au jour
Il n'oste point à sa gloire
Ce qu'il donne à son Amour.

Pour Monsieur le Prince, représentant Alexandre.

Alexandre est cognu pour vn grand Capitaine,
De cette verité l'Histoire est toute plaine,
Dés sa grande jeunesse enfin sans contredit
Dans le Monde il a fait ce que le Monde en dit,
Cent belles actions d'immortelle memoire,
Comme à toute la terre ont pû luy faire croire
Qu'elles ne partoient pas d'vne mortelle main,
Examinant son cœur il s'est crû plus qu'humain,
Mais cōme on se réueille à la fin d'vn long somme,
Prenant garde à son sang il ne s'est crû qu'vn Homme,
Et depuis Iupiter n'a point veu sous les Cieux
De Zele plus soûmis, ny plus religieux.
Ce n'est qu'vn Homme enfin, mais vn Homme admirable,
Il ne s'en verra point qui luy soit comparable,
Personne au champ de Mars iamais si loin n'alla.
Mais n'en disons pas plus, & demeurons-en là,
Abregeons des discours fleuris comme les nostres,
Ces Braues ont leur foible aussi bien que les autres,
En quelque si haut point que sa Gloire l'ait mis,
Luy qui seul tiendroit bon contre cent ennemis,
Fiez-vous-en à moy, quelque mine qu'il fasse
Il ne soustiendroit pas vne loüange en face.

Iules Cesar, représenté par le Comte de S. Aignan.

AVX DAMES.

Par tout mes ennemis ont monstré les espaules,
Ie me suis signalé dans la guerre des Gaules,
Ce Theatre fameux de tant d'exploits hardis:
Faire des improntus fut ma noble coustume,
Tantost par mon espée, & tantost par ma plume,
On parle de mes faits, on parle de mes dits.

Il n'est difficulté que mon bras n'ait franchie
Pour monstrer à quel point j'aymois la Monarchie
Dont selon mon pouuoir j'ay rehaussé l'esclat.
A tous les ennemis de la grandeur Royale
De bon cœur je souhaite vne rencontre égale
A ce qui m'ariua jadis dans le Senat.

Vostre force n'est pas vne force commune,
Beaux yeux qui rappelez Cesar & sa Fortune,
Afin de les mener derriere vostre Char :
Personne de si loin n'est venu pour vous plaire,
Cette peine vaut bien quelque petit salaire,
Et comme vous sçauez il faut rendre à Cesar.

Le Marquis de Rassan, representant
Marc-Anthoine.

Icy je represente
Vn Romain qu'à la fin son malheur mit à bout
Qui voudra l'imiter il est bon qu'il s'exemte
Du dessein de vouloir le copier en tout ;
Ce fût vn noble cœur, vne Ame grande & haute
Qui tomba neantmoins dans vne lourde faute :
Sa faute luy cousta son Empire & le iour,
Luy coûta son honneur qui vaut mieux qu'vn Empire,
Luy coûta plus encor, luy coûta son Amour,
Et cela s'est tout dire.

X. ENTRE'E.

Influences de la Lune, & Pellerins.

Mademoiselle Girault, representant la Lune.
Pellerins. Messieurs Coquet & Villedieu Le Sieurs Don,
Lambert, Baltazard, le Conte, Noblet,
Bonard, Mercier, & la Pierre.

Pour

Pour les Pelerins.
AVX DAMES.

Nous auons fait vn vœu d'aller par tout le monde
Publier qu'il n'est rien de comparable à Vous,
Sur cet vnique point le voyage se fonde,
Et desia pour partir nous nous preparons tous:
C'est à vous de songer à nostre subsistance,
Et mesme il ne faut pas y songer pour vn peu,
Car si vous refusez d'en faire la despence,
Adieu le Pelerin, le Bourdon, & le Vœu.

XI. ENTRE'E.

Influances de Mercure, & Charlatans.

Mercure seul, representé par Monsieur Doliuer.

Les Charlatans. Messieurs Parque, Chamois, Bourcier, Cheuillard, Mahieu, du Moustier, Lerambert, le Chantre, Guignar, Picot, de Lalun, Desonets, du Breüil, Vagnac, Paysan, Cordesse.

Pour les Charlatans.

Dans vn Siecle comme le nostre
Il ne se fait plus rien qui ne serue auiourd'huy,
Quand vn homme est vn sot, si c'est tant pis pour luy,
Du moins c'est tant mieux pour quelqu'autre.

XII. ENTRÉE.

Influances de Iupiter, accompagné de quatre Monarques & de quatre Nations.

Le Duc de Guise, *Iupiter.*
Le Cheualier de Fourbin, *Auguste.* Le Sieur
Beauchamp, *Annibal,* le Sieur d'Heureux,
Philippes. & le Sieur Raynal, *Cyrus.*
Monsieur de l'Hery, les Sieurs Des-Airs, de Lorge,
Des-Brosses. *Grecs.*
Messieurs du Iour, & Villedieu, les Sieurs
de Gan, & le Noble. *Romains.*
Les Sieurs de la Marre, Don, Du Pron,
& Noblet. *Persans.*
Monsieur Souüille. Les Sieurs du For, le Chantre,
& Chicanneau. *Affricains.*

Le Duc de Guise. *representant Iupiter.*

Malgré le rang que ie tiens
Mon cœur est dans les liens,
I'ay mis les Geans en poudre,
La Beauté toute seule a pû m'assuietir,
Et mon Aigle ny ma foudre
Ne m'en ont sceu garentir.

XIII. ENTRÉE.
Venus, & les Plaisirs.
CONCERT DE VENVS
& des Plaisirs.

Les Plaisirs.

Vous, qui des seuls thresors comblez tous vos desirs,
L'auare faim de l'or peut bien estre assouuie,
Mais sans les vrays Plaisirs,
Qu'est-ce que de la vie?

Recit de Venus chanté par Mademoiselle Hilaire.

Plaisirs, venez en foule
Vous qui sçauez si bien rendre les cœurs contens,
Le bel âge s'écoule,
Et vous passez aussi de mesme que le Temps.
Acompagnez toujours le Royal Hymenée,
Vous estes faits pour luy, comme il est fait pour vous,
Gardez bien la chaleur qu'Amour vous a donnée,
Et pour estre permis n'en soyez pas moins doux.

Les Plaisirs.

Vous que tient la Fortune au rang de ses martyrs,
Elle peut vous payer quand vous l'auez suiuie,
Mais sans, &c.

Venus continuë.

Pourquoy faire des crimes
Quand on peut autrement soulager ses desirs?
Les plaisirs legitimes
Enfin vont l'emporter sur les autres Plaisirs.
Accompagnez, &c.

Les Plaisirs.

Vous qui faites l'amour, vous pouuez en soûpirs
Passer vos plus beaux iours, s'il vous en prend enuie.
Mais sans, &c.

Monsieur le Duc, le Prince de Loraine,
Les Comtes d'Armagnac, de Guiche, & de Sery.
Les Marquis de Genlis, de Mirepoix,
de Villeroy, & de Raſſan,
Monſieur Coquet. *Les Plaiſirs.*

Monſieur le Duc, *vn des Plaiſirs.*

Bien que dans les Plaiſirs s'enrole ma ieuneſſe,
Elle & mon cœur iroient à des emplois meilleurs,
Il eſt formé d'vn Sang ennemy de moleſſe,
Et ie les ſens tous deux qui m'appellent ailleurs.

Pour le Prince de Lorraine, *vn des Plaiſirs.*

AVX DAMES.

Sexe charmant, voicy bien voſtre affaire,
  Et ſupoſé que le Plaiſir
Soit vne choſe neceſſaire,
  Vous ne ſçauriez pas mieux choiſir.
  Mais n'allez pas d'vn air farouche
  Dire que vous n'en voulez point,
  Et niaiſement ſur ce point
  En faire la petite bouche?
  Le plaiſir ayde à la ſanté,
  La ſanté fait qu'on eſt plus belle,
  Et n'eſt-ce rien que la beauté?
  A voſtre auis, que feriez-vous ſans elle?

Le Comte d'Armagnac, *vn des Plaiſirs.*

Les autres à leur gré feront cent & cent tours,
Ce n'eſt pas trop pour eux d'auoir toute vne Ville,
Ie me contente à moins, & veux eſtre toûiours
Le Plaiſir d'vne ſeule, & le Deſir de mille.

Pour le Comte de Guiche, *vn des Plaiſirs.*

ICy tous les Plaiſirs ſont ramaſſez enſemble,
La Nature qui fait les choſes auec pois
En vn meſme ſuiet les a tous mis ce ſemble
Afin de les pouuoir donner tous à la fois;

Ils

Ils y sont tous, & Telle avec vn air modest
Pretend que sa Vertu soit vn de ses apas,
Qui dans ce seul Plaisir que vous voyez si leste,
Les a tous rencontrez & ne s'en vante pas.

  Le Comte de Sery, vn des Plaisirs.

Mieux que personne, au fond de mon desir
Ie sens combien la double peine est grande,
Soit quand il faut attendre le plaisir,
Soit quand il faut que le Plaisir attende.

  Pour le Marquis de Gehlis, vn des Plaisirs.

Lequel de nos cinq sens pouuez vous délecter?
Ce n'est pas nostre Oüye à vous oüir chanter;
Pour le Goust, il faudroit vne faim effroyable
A qui vous mâgeroit estant dur comme vn Diable,
Quant à l'Atouchement, nous serions empeschez
A démesler icy les cœurs que vous touchez;
L'Odorat est subtil, mais aucun ne soupçonne
Qu'en ce point vous soyez incommode à personne,
On ne peut là-dessus vous accuser de rien,
Ha! ie l'ay deuiné c'est que vous dancez bien,
Et qu'ayant de beauté la face dépourueuë
Vous ne laissez pas d'estre vn Plaisir pour la veuë.

  Le Marquis de Mirepoix, vn des Plaisirs.

ENcore que ie sois d'vn climat peu discret,
I'ayme à ne dire mot de ma bonne fortune,
Et si ie suis iamais le plaisir de quelqu'vne
  Ie seray son Plaisir secret.

Au Marquis de Villeroy, vn des Plaisirs.

LA Troupe des plaisirs estoit presque passée,
Alors qu'vn ieune Objet, aymable, tendre & doux,
Comme i'auois sur vous les yeux & la pensée,
Me vint dire à l'oreille, en me parlant de vous,
Il est asseurément le plus ioly de tous,
Et c'est en sa faueur que mon ame decide ;
Mais fiez-vous à moy, me dit-elle entre-nous,
Ce n'est pas vn Plaisir extremement solide.

Le Marquis de Rassan, vn des Plaisirs.

BElle & charmante inhumaine,
Seul objet de mon desir,
Comme vous estes ma peine,
Que ie sois vostre Plaisir.

Monsieur Coquet, vn des Plaisirs.

AVX DAMES.

A Iuger sainement icy de nostre dance,
Les Autres ne vont point du bel air dont ie vays.
Que chacune de vous dise ce qu'elle en pense,
Le dernier des Plaisirs n'est pas le plus mauuais.

XIV. ENTRÉE.

Influances de Saturne, qui produit plusieurs enchantemens.

Monsieur Villedieu, Les Sieurs Baltazard, Noblet, Don, Laleu,
le Conte, Cordesse, Desonets, Arnal, Mercier,
le Noble, & Bonard.

Pour des Enchantemens.

DE tant d'Enchantemens dont le monde est charmé,
A mon gré, le plus grand & le plus ordinaire,
C'est de pouuoir aymer quand on n'est point aymé,
Et de suiure toujours la Cour sans y rien faire.

Influances du Soleil, accompagné des 24. Heures, de l'Aurore, & des Estoilles.

XV. ENTRE'E.

Les douze Heures de la Nuict.

Le Comte d'Armagnac, Le Cheuallier de Fourbin,
Messieurs Coquet, de Souuille, & de l'Hery,
Messieurs Beauchamp, d'Heureux, de Lorge, de Gan,
Des-Brosses, du Pron, & Des-Airs le C. det.
Heures de la Nuict.

Pour le Comte d'Armagnac, representant vne Heure de la Nuict.

VNe jeune Beauté qui n'a point de seconde
En vous seule a borné tous ses contentemens,
Et vous estes l'Heure du monde
Qui passez les plus doux momens.

XVI. ENTRE'E.

L'Aurore.

Representée par Mademoiselle de Verpré.

XVII. ENTRE'E.

Le Soleil & les douze Heures du Iour.

LE ROY, *Le Soleil.*
Monsieur le Duc.   Le Comte de Saint Aignan,
Le Comte de Guiche,
Les Marquis de Genlis, & de Raſſan.
Monſieur Bontemps ou M. S. Fré. Meſſieurs Verpré,
Bruneau, & Langlois.   Les Sieurs Noblet,
Raynal, & la Pierre. *Heures du Iour.*

Pour LE ROY, repreſentant le Soleil.

CEt Aſtre à ſon Autheur ne reſſemble pas mal,
Et ſi l'on ne craignoit de paſſer pour impie,
L'on pourroit adorer cette belle Copie
Tant elle aproche prés de ſon Original.

Ses Rayons ont de luy le nuage écarté,
Et quiconque à preſent ne voit point ſon viſage,
S'en prend mal-à-propos au pretendu nuage
Au lieu d'en acuſer l'excés de ſa clarté.

N'eſt-on pas trop heureux qu'il faſſe ſon meſtier
Dans ce Char lumineux où rien que luy n'a place,
Mené ſi ſeurement, & de ſi bonne grace,
Par vn ſi difficile & ſi rude ſentier?

Des ſecrets Phaëtons les grands & vaſtes ſoins
Pouroient bien s'atirer la foudre & le nauffrage,
Si pour la choſe meſme, il faut tant de courage,
Pour la ſeule penſée, il n'en faut guére moins.

Voyant plus par ſes yeux que par les yeux d'Autruy
Il empeſchera bien ces petits feux de luire,
Par ſa propre lumiere il ſonge à ſe conduire
Tout brillant des clartez qui s'échapent de luy.

Mais qu'il eſt dangereux pour ces tendres Beautez,
On ne l'éuite pas bien que l'on s'en recule,
Et s'il faut vne fois qu'il haſte ce qu'il bruſle,
Que de Teints délicats vont en eſtre gaſtez!

Monſieur

Monsieur le Duc, representant vne Heure.

SI venant à sonner, je fais autant de bruit
    Que l'Heure qui m'a precedée,
Quelle gloire pour moy, pour les autres quel fruit,
Ie ne sçaurois choisir vne plus noble idée ;
Il faut acheminer ce que j'ay de momens
    A d'aussi beaux euenemens
Dont l'éclat bien auant dans l'auenir demeure
Et remplir tous les Temps de l'ouurage d'vne Heure.

Pour le Comte de S. Aignan, representant vne Heure.

DEs Heures il en est de plaisir & d'affaire,
  Celle dont il s'agit est vne Heure à tout faire,
Le Soleil qui les fit toutes ce qu'elles sont
Y void je ne sçay quoy de brillant & de prompt,
Et sur ses ennemis au point qu'elle en atrape
    L'Heure frape.

Mais est-il question de changer de maniere,
D'en prendre vne plus douce au lieu d'vne plus fiere,
Pour celebrer son Nom de bouche ou par écrit,
Et faut-il galamment payer de son esprit,
Apres auoir ailleurs payé de sa personne ?
    L'Heure sonne.

Pour le Comte de Guiche, vne Heure.

DAns la Communauté des Belles,
Ce n'est pas tout d'estre auec elles
L'Heure de recreation,
Pour conseruer leur bien-veillance
Il faut que par discretion
Vous soyez l'Heure du Silence.

Pour le Marquis de Genlis, *vne Heure.*

LA belle Heure du jour sans doute la voila,
Si ce n'est la plus belle aumoins c'est la meil-
　leure;
On dit communement que l'Amour a son Heure,
Mais je douterois fort que ce fut celle-là.

XVIII. ET DERNIERE ENTRÉE.
Des Etoilles.

Mademoiselle de Toussy, Mademoiselle de Brancas, Mademoiselle
de Bailleul, Mesdemoiselles de Batnouuille, de Broglia,
de Vaure, de Plabisson, de Hargenlieu, de Certe,
du Mousseaux, d'Arnouuille, de Saugé,
Mignon, Longuet, Ribera,
& Milet.

Pour Mademoiselle Mancini *qui deuoit
representer vne Etoille.*

CHacun dans son estat a sa melancolie;
Ne cachez point la vostre, elle est visible à tous;
Estre Etoille pourtant c'est vn Poste assez doux,
Et la condition me semble fort jolie:
Vous la deuiez garder, ce goust trop delicat
A vostre feu si vif & si remply d'éclat
Mesle quelque fumée, & sert comme d'obstacle,
Les Etoilles vos Sœurs vous diront qu'autre-fois
Vne Etoille a suffy pour produire vn miracle,
Et pour faire bien voir du païs à des Rois.

Pour Mademoiselle de Toussy, *Etoille.*

DIroit-on pas que c'est l'Amour
Qui ne fait encor que de naistre,
Où l'Etoille du point du jour
Qui déja commence à parestre?

Mademoiselle de Brancas, *Etoille.*

LEs Etoilles le jour ne se laissent pas voir,
Leur tems de se monstrer est toujours vers le soir,
Ce qui de leur éclat peut causer de grands doutes:
   Mais mon Teint deuient plus hardy,
Et deuant qu'il soit peu je feray voir à toutes
   Les Etoilles *en plain Midy.*

Pour Mademoiselle de Bailleul, *Etoile.*

DAns la suite bien-heureuse
  De vos beaux & jeunes ans,
  Vous serez pour quelque Gens
Vne Etoille *dangereuse.*

Pour toutes les Etoilles.

LE Ciel ne fut jamais en l'estat qu'il se treuue,
L'on diroit qu'il a mis vne parure neuue,
De tous ces petits Feux l'éclat est pur & fin,
Et la Nuit aura beau tendre ses sombres voiles,
On ne laissera pas de faire du chemin
Auecque la pluspart de ces jeunes Etoilles.

F I N.

www.ingramcontent.com/pod-product-compliance
Lightning Source LLC
Chambersburg PA
CBHW060910050426
42453CB00010B/1647